NMK

Begoña Méndez

Ciento veinticuatro huecos

Un ensayo alrededor del amor

H&O

Primera edición: junio de 2024

© Del texto: Begoña Méndez, 2024

© De esta edición:
H&O Editores

Imagen de la cubierta: Alamy
Diseño de la colección: Silvio García-Aguirre López-Gay
Maquetación: Fotocomposición gama, sl
Corrección: Guillermo Pérez Ortiz
Impresión: Arteos

ISBN: 978-84-128089-9-5
Depósito legal: B 10258-2024

El amor es un signo de nuestra maldad.

Simone Weil

Ninguna derrota es enteramente una derrota,
el mundo que abre es siempre un sitio
hasta entonces
insospechado.

William Carlos Williams

Era 1930. El matrimonio le sentaba bien a la sáfica
Vita, el matrimonio le sentaba bien a la virginal
Virginia.

Anne Carson

… y en las paredes ninguna terrorífica fisura
por la que el viento te lleve a ninguna parte.

Wisława Szymborska

Ciento veinticuatro huecos tiene un origen doble. En principio fue un juego: «Voy a regalarte un poema», prometí, y empecé algo. Pero también ocurrió que todo lo que escribía o intentaba escribir acerca de otros temas se iba contaminando de pensamiento amoroso. «Tengo que extirparme esto», me dije. Abandoné el manuscrito en que estaba trabajando y abrí un nuevo documento como quien abre una caja para guardar los objetos con valor sentimental. Cosas que son preciadas pero que corren el riesgo de acabar en la basura porque uno no sabe bien qué podría hacer con ellas ni dónde meterlas. Entonces, una caja.

Este texto ha sido escrito bajo un estado de fascinación por las obras de Anne Carson y Simone Weil. A ellas, que jamás me leerán, dedico este NMK. Si sus libros no existieran, no habría sido capaz de encontrar la voz que necesitaba para contar esto, que no es otra cosa que un ensayo-ficción alrededor del amor. Aquí hablan las palabras, los cuerpos y los deseos; hablan las presencias y las ausencias, las huellas de los recuerdos y las marcas del olvido.

Durante la redacción del manuscrito me pregunté mil veces: ¿no está cansado el amor de resonar en los versos desde que existen los versos?; la respuesta siempre es no: el sentimiento amoroso es un misterio que no se deja atrapar, una flecha, un proyectil, una condición del cuerpo que escapa de todo intento de fijarla en descripciones precisas y concluyentes.

El amor es, sobre todo, una pregunta, un hueco.

Más allá de Carson o Weil, este libro está en deuda con un montón de autores y de películas, de canciones y de textos que giran alrededor de los trabajos de amor o de cuestiones que apelan al universo afectivo. Como tengo serios problemas para hacer distinciones entre vida personal y experiencia cultural, la única estrategia de que dispongo para comprender las cosas de este mundo consiste en transformar todos esos materiales que he ido atesorando en una forma poética que me permita ensayar un sentido para algo que, de todos modos, existe perfectamente sin mi esfuerzo literario.

Sin leer ni escribir, apenas sabría nada, apenas entendería. Si me pusiera trágica, cosa que no voy a hacer, casi podría afirmar que sin literatura no me importaría demasiado estar muerta.

Por suerte para mí, existe.
Me gusta mucho estar viva.

1

Le sentaba bien el matrimonio.

Una cubierta de azúcar tintada de azul; por debajo, una fina capa de chocolate y en el centro, un cacahuete. Un M&M's escogido al azar acompañando un café, o tal vez una advertencia o una condensación de agua azucarada. Como si una esfera imperfecta, acuosa y fosforescente pudiera transparentar el sutil desacomodo del cielo cuando es azul, cuando cumple, aunque no quiera, con el color asignado.

Tal vez el cielo no sea más que un golpe contra una puerta, algo que empieza en azul, que persevera hacia el verde y declina al amarillo. Un cielo que evitará el púrpura de los vientos y el rosa anaranjado que arrecia con las tormentas.

Entonces, tomaba el café poniendo una distancia eterna entre su taza y la bolsa de M&M's, un espacio insalvable entre la piel de su cuerpo y la corteza del mundo. Sospechaba que todo adentro o toda profundidad es una estricta cuestión de superficies, que un líquido caliente podría decolorarla y disolverla después. Una mancha azulada que se escurre enseguida. Azúcar en la tormenta.

Un día deslizó un M&M's dentro de su café. Masticó sin énfasis el maní desteñido. Alguien después, un hombre, le dijo estas palabras: «Te como el corazón». Un poco más tarde, trituró a la mujer sin prisa. En la boca, fango dulce. Al final, ni rastro de azul. Ni rastro de aquel hombre, ya saciado.

Y si hubiera sido roja la cubierta de azúcar.

2

Le sentaba bien el matrimonio. Una sala de espera en penumbra y en silencio o una playa dormida abandonada a su sueño.

Sabía que tarde o temprano un dragón oceánico llegaría hasta la orilla con su veneno eléctrico.

Gota de agua que rompe, porque viniste.

No pensó que fueras tú.

3

Decir veneno es decir fragilidad. La pobreza de la piel
pegada a la carne. La pobreza de la carne sostenida
por los huesos. Todo lo que de repente puede derra-
marse o desgarrarse.

4

Elegir qué deshacer. Un color, un M&M's o un
cuerpo a través de otro cuerpo; romperse, contem-
plar la mancha. Mancha: señal que una cosa hace
en un cuerpo, echándolo a perder. Un cuerpo perdido por otro cuerpo, a esa forma de pobreza Simone Weil la llama *amor*. Pero ¿y si me las doy de mís-
tica para no escribir el verbo *follar*? Pero ¿y si follar
es la forma fulminante del acceso a lo sagrado? ¿No es
acaso lo sagrado la irrupción de la conciencia de ser
carne en el tiempo?

5

Una vez abandonada toda esperanza, en el segundo
círculo del averno, Dante escuchó gritos, lamentos,

llantos. Entró en la oscuridad y vio pájaros mecerse en un viento huracanado, transportador de lujuria. Trance de un cuerpo en los bordes de la nada y lo animal.

(La mujer de la sala en penumbra se dirá y repetirá: «Si hay pájaros no hay infierno, si hay pájaros no hay infierno».)

Francesca de Rímini se deshizo en rojo, en una tormenta eterna que duró lo que un beso en una novela. Como idiomas enzarzados, como bocas demandantes, se deshizo. Rojo como el infierno, como un encuentro fugaz *in aeternum*.

6

Las almas de los culpables del pecado de la carne se mueven por la caverna como estorninos exhaustos, una danza desquiciada de aves negras que replican por toda la eternidad la fuerza que los movió a abandonarse al amor.

Paolo y Francesca eran cuñados. Compartían la pasión por la literatura, la dulce melancolía que provocan los fantasmas. Un fantasma es un recuerdo que lucha por convertirse en memoria material, en historia que perdura. La memoria es un tejido que junta y que ordena las hilachas de una vida y las transforma en tiempo. Porque existen los fantasmas de los recuerdos futuros, Paolo y Francesca leyeron.

La mujer de la sala en penumbra, la que come M&M's, también lee:

Ginebra acercó su rostro y un poco también su cuerpo. Tomó a Lanzarote por el mentón y entonces lo besó. (Ella lo besó en la mano.) Extramuros de la corte del rey Arturo, se consumó el adulterio.

Francesca y Paolo recordaron a un tiempo que su historia estaba escrita.

(Ella supo que su beso cruzaba siglos.)

Arturo los perdonó. El marido de Francesca les cortó el cuello.

(Ella casi fue indultada, nadie la asesinó, pero igual se desangró, aprendió a amar el viento.)

7

Dante se desvaneció porque vio que el infierno que estaba inventando no era un castigo eterno, sino un espacio moral fundado en su anhelo. De imposible cumplimiento, el beso de Beatriz.

Dante, con su desmayo, tras conocer la historia de Francesca y Paolo, inauguró en la *Divina Comedia* la ética del deseo como modelo humano de comportamiento.

(Ella escribirá: «¿Somos el sueño obtuso de un escritor que murió hace más de setecientos años?».)

8

Paul B. Preciado propone sustituir el concepto *identidades* por *funciones deseantes*.

Algo parecido enunció Dante en *La vida nueva*: «Dime lo que amas y te diré quién eres».

Volvamos a la mujer de la sala en penumbra. Preguntémosle ahora qué cosa ama. Pensará en su marido y en chocolates azules y después responderá «todo lo que se pierde». Preguntémosle después qué cosa desea. Pensará en el dragón y en chocolatinas rojas. Contestará, igualmente, «todo lo que se pierde».

9

La gran belleza, de Paolo Sorrentino. El mundo de Jep Gambardella gira alrededor de una sonrisa perdida.

De un beso entre dos críos. Apacigua su fantasma bajo la luz infalible del hedonismo. Por eso no escribe más: la luz cuando es tan fuerte anula las sombras; no existe el conocimiento sin zonas oscuras. Pero un día un hombre, Alfredo, se presenta ante su puerta. «Elisa ha fallecido.» Ahí, la luz tintinea (Jep descubre que existe el tiempo.) Marido y antiguo amor lloran uno frente a otro. «Elisa solo quiso a un hombre en toda su vida. Tú. Yo solo fui un buen compañero.» Así lo escribió ella en el diario candado que su esposo reventó.

10

Elegir qué deshacer. Escribir la mancha. Todo lo que se pierde pero perdura.

11

Dice Borges que tal vez la palabra *adiós* la inventaron los hombres porque de alguna manera se presienten inmortales; que, si las almas no mueren, está bien que no haya énfasis en sus despedidas. Decir adiós, continúa, es jugar a separarse, repetir la convención al día siguiente. Entonces, según esto, intercambiarse adioses implica un acto de fe en el mañana. Despedirse significa separarse con afecto y cortesía, pero también renunciar a la esperanza de poseer o alcanzar algo.

12

En su cuento «Delia Elena San Marco», el narrador y su amiga se despiden en una esquina de Buenos Aires. Emprenden distintas rutas. Antes de perderse en un río de vehículos y gente, ambos se giran. Sus ojos se encuentran, hacen un gesto de adiós, cada uno con su mano. Pero no se ven más, mañana no sucedió. Un año después de esta despedida, ella muere.

El narrador duda: no sabe si la verdad está en el acto banal y volverán a encontrarse sin los huesos ni la carne cerca del río Aqueronte o si acaso intuyeron la infinita separación.

Si el relato conmueve es porque Borges elude las preguntas esenciales: ¿por qué no me atreví a besarla o por qué si la besé bifurcamos los caminos? En la doble despedida está la clave. Decidieron renunciar y por eso se giraron, para observar embobados cómo se iba el amor, cómo iban levantando una frontera insalvable alrededor del deseo.

«Delia Elena San Marco» es, en realidad, un trabajo de ocultación de cuerpos. Borges sustituye la carne por una noción casta y pura de las almas, una idea que procede del platonismo, doctrina obsesionada con superar a Eros, porque hace a los hombres vasallos de sus deseos y los conduce al pecado, la suciedad, el adulterio. Reelabora la estética del amor cortés y la lleva al extremo: mata a la doncella para hacerla inalcanzable, de verdad inalcanzable, como cuerpo sexuado.

En definitiva, elude la mancha, los transportes de fluidos, sangre, esperma, mierda, baba. Los materiales innobles con que se urde el amor.

Pero evitar la mancha es hacerla aparecer por la vía negativa.

13

La mujer de la sala en penumbra ya no está en una sala en penumbra. Está sentada a la mesa de una cocina ajena. Hace el trabajo por mí cuando anota en un cuaderno: «El sujeto real de las historias de amor no es el amado, sino el hueco que el amado deja en el amante».

14

El deseo es a veces deseo de destruir lo que se ama y perturba porque se ama y perturba; en ese instante extrañado siempre hay un hombre furioso o mendicante. Un hombre que te coge de la boca o que te toma del cuello. Otras veces el deseo es querer aniquilarse en el cuerpo del amado; en ese momento atroz hay alguien embrutecido habitando algún enigma: un misticismo que busca el acceso al olvido o al silencio del mundo por la vía material de la carne que se expone, abierta y vulnerable.

En todo caso, formaciones de huecos.

15

¿Cómo se llama entonces cuando observas la belleza y no alargas la mano? Se llama renuncia al yo o *anorexia mirabilis*. Disolverse en el hambre, en el deseo incumplido. Considerar la otredad como instancia intocable, como sustancia sagrada.

Y, a la vez, nada otorga más poder que el amor que no se da.

Imposible superar esta contradicción.

Último fin de semana de enero, el cómic de Bastien Vivès, contiene la única propuesta posible a esa contradicción. Una mujer casada y un hombre divorciado se conocen del modo más azaroso en el Festival Internacional del Cómic de Angulema. Tienen un breve encuentro en un hotel. Podría no haber sido nada, tan solo una fantasía o incluso un desastre. Sin embargo, ahí, cualquier sitio en Angulema, pasa algo parecido a un milagro. Digamos que ocurre el amor. Después, guiados por los designios de la vida adulta, se despiden (la mujer de la cocina piensa que para siempre). Él le escribe por WhatsApp: «Deberíamos habernos quedado en Angulema», a lo que ella replica: «Deberíamos haber muerto en Angulema».

La mujer sigue a la mesa de una cocina ajena. La luz solar entra por la ventana. La claridad juguetea con su rostro, traza sombras y umbrales. Sabe que nunca será tan bella como lo es ahora. De ahí su semblante de refugiada.

Las sombras son importantes. Las sombras son esperanza. En el blanco radical se adormecen los deseos. En la noche sin la luz se retira el amor. La belleza es importante. «Ya sabes que la belleza —escribió Anne Carson— hace posible el sexo». Así, entre el sexo y la belleza, hay una zona habitada por claroscuros que se llama tiempo o edad desesperada; también podría llamarse una punzada de abismo.

Todo el miedo de ella se congrega alrededor de esa idea.

Atraídos por su piel, una bandada de cuervos sobrevuela su cabeza. Sus graznidos van y vienen. Se le acercan de a poco. Le echan viento y arena para secarle los ojos. Los cuervos tienen teoría de la mente: conocen los entresijos del alma humana. Saben que la mujer considera que el tiempo es cruel y devastador, y que por eso llora.

Los cuervos revolotean alrededor de su cráneo como caballos brillantes en el corazón de un páramo.

Proyectan sobre su cuerpo visajes ensombrecidos.

Las sombras son esperanza.

Ella sale a la calle para ir a por tabaco, a por queso, a por vino. Ve a su madre en todas partes, en los cuerpos de mujer que envejecen y a la vez siguen siendo hermosos. Odia a esas mujeres. Relumbran como bebés o como rostros de huevo, pálidos, indistinguibles. Le da asco esa imagen. De repente, siente un deseo intenso de abrazar a su madre.

Sobre todas las cosas, se siente famélica.

21

Anne Carson es, como todas las mujeres, un animal hambriento. Una vez escribió un libro para tratar de entender qué tipo de apetito era ese que sentía; misteriosamente lo llamó *Tipos de agua*. La mujer que está en una cocina ajena no necesita escribir para comprender su hambre. No necesita pensar con el lenguaje humano. Le basta con deslizar su pura fisicidad hacia el cuerpo del amado, ofrecerse a la tensión entre el peso de sus huesos y el eros de sus pieles, un espacio encarnizado. Ella y el dragón se vacían uno a otro los estómagos voraces, transaccionan con la carne que nunca es suficiente, aceptan la gravedad como un modo de caída en los huecos amatorios que crecen y proliferan en su hambre permanente. Algunas formas de hambre son vacíos que se abren en las vísceras del cuerpo para evitar que se pierda el objeto del amor, para que no se escabulla, para que no se termine, para seguir con la historia.

Alimento que no sacia. Una hermosa crueldad en forma de amor constante que se escapa de la muerte.

22

En *Tipos de agua*, Carson escribe: «Lo he intentado. Padre, hermano, amante, mis mejores enemigos, fantasmas voraces y Dios, uno a uno, todos se escurrieron de mis manos».

Su anhelo de agua es raro. No se trata de un deseo sexual, no interviene la sed. Su intención es retener lo que no se puede: el agua. Una sustancia que en ella se vuelve paradójica: un encuentro con la diferencia (o lo otro masculino) y a la vez con el amor como sustancia esencial que pertenece a su carne («como si se tratase de una parte de su cuerpo») y que sin embargo se escapa.

Como si el agua pudiera cortarse, como si el amor constituyese un fluido corporal que al salir de sí se hiciese extraño.

Como si el amor convirtiera a las mujeres en aguadoras eternas. Sísifos femeninos condenados a verter amores en un cedazo.

23

Ella piensa que la imagen es enigmática: «Hombres de agua, ¿qué es eso?».

Pero entonces…
       follar:
              es una palabra cruda pero ajustada.
    Safo escribió: «Tú me abrasas». Quemar, reducir a ascua viva, a total incandescencia. El verbo *abrasar* es de color rojo. Rojo cuerpo encendido, rojo dolor ardiente que necesita agua.
    En el amor, se llega a la sed por abrasamiento.

(Y la mujer pensará: «Hombres de agua, ya sé qué es eso».)

Las canciones populares hablan mucho de follar. No se esfuerzan demasiado en ocultar su sentido. Las imágenes que usan son elementales, es decir, obscenas.

> Jo estava qui m'abrasava
> per s'amor d'un jovenet
> com més bevia més set
> s'aigo no me saciava
> com més bevia més set
> s'aigo no me saciava.*

(Canción popular mallorquina)

Aquí la sed es deseo, erotismo femenino. El fuego es la mujer que pide agua. Agua es el ser amado. Y beber es la juntura entre el líquido y la llama. Es una entrega sexual que se cumple y que no calma, un follar desesperado que se aviva al repetirse. El fuego no se extingue y el agua no ahoga. La fusión es momentánea. Los elementos se escinden y regresan nuevamente a sus cuerpos esenciales.

Necesitan reunirse, una vez y otra vez más, para suturar la herida y luego volver a abrirla.

* Yo estaba que me abrasaba / por el amor de un jovencito / cuanto más bebía más sed / el agua no me saciaba / cuanto más bebía más sed / el agua no me saciaba.

El agua puede cortarse.
 El agua está en el cuerpo.
 El agua es el amado.

25

Espejismos. La mujer piensa en cuánto le aterra que le hagan fotos y también en cuánto le gusta que le hagan fotos. El cuerpo, de repente, es un espejo de luz en un ojo ajeno. Le abruma la sensación de esa pérdida de suelo, de esa ausencia de peso, la imposible propiedad de los gestos y del rostro, ese estar fuera del tiempo o del curso de la historia. Un instante, un soplo. Tal vez, en realidad, eso sea un cuerpo y por eso le den tanto miedo y le fascinen las fotos.

26

Más sobre espejismos. En el momento más alto del encuentro amoroso acontece un misterio: los cuerpos aceptan la presencia de la muerte en su carne enamorada y sin embargo, a la vez, con su éxtasis detienen la experiencia del tiempo. Todo queda suspendido o es que acaso los amantes se transforman en fragmentos de sustancia originaria, trozos de materia exhausta arrojados al vacío tras un Big Bang.

Ella se agarra a eso.

La fe es un movimiento de desesperanza. Un despedazamiento.

27

La mujer de la cocina ajena nunca se ha preocupado de velar por su belleza. Si la tiene (y le dicen que la tiene), es una condición que le viene dada. No le importa sonar como un pavo vanidoso. También tuvo sus momentos, en plena adolescencia, cuando más se necesita, en que nadie la miraba. Si la vida no los mata, los adolescentes jodidos se convierten en adultos arrogantes. En todo caso, no comprende el trabajo que somete a las mujeres a encubrir que tienen años, a tratar de retener la belleza que al final se escapará como agua en un cedazo, a «mantenerse estupendas» o como sea que llamen a simular que eres joven y que la edad no te toca. Por supuesto, aborrece el tiempo porque es despiadado. Si tenemos suerte, primero nos ajará y después nos llevará a la muerte inexorable.

Habría que pensar más en esas cosas. En la vida como humo y en el Barroco.

«La medida de tu belleza es la medida del tiempo / y de su clemencia», escribe Ani Galván en *Educación de una cortesana*.

Ella sabe que lo del tiempo ha llegado, ya le han dicho algunas veces «te conservas muy bien para la edad que tienes». *Conservar*: un verbo que aborrece porque consiste en meter un alimento en una nevera o en un congelador, en mantener por más tiempo sus propiedades y que se pueda comer. Algo que sin el frío ya se habría desechado y tirado a la basura. *Comer* aquí es *mirar*, pero también es *follar*. Comer es una acción que se hace con los ojos, una necesidad que se cumple en el sexo.

«Veo en ti a todas las que has sido» significa «intuyo tu juventud, cómo fuiste hace años», o «llevo grabado el recuerdo de quién fuiste una vez, todavía puedo verte en algunos de tus gestos, cuando ríes, por ejemplo», pero también significa «imagino quién serás, dónde ostentarás un pliegue inaceptable o una arruga encantadora, dónde estará la ternura y dónde la aversión».

(La belleza femenina es tal vez la condena más productiva y descarada que han impuesto a las mujeres.

O no menos violenta ni menos fructífera que la obligación de ser madre.)

29

La mujer piensa: «Annie Ernaux». Cuando escribió con su amante *El uso de la foto* tenía cuarenta y ocho años y estaba enferma de cáncer. Quedaban en los hoteles para follar eximidos de sus cargas. Hacían fotos con los restos de su amor para tratar de entender por qué la vida es lanzarse los unos contra los otros.

Ernaux observa esas fotos y las describe: «Un agujero por el que se percibe la luz fija del tiempo, de la nada».

O una tumba vacía.

Lo que ve en esas fotos es la desaparición de los cuerpos.

30

La mujer se ha despertado. Se despereza morosa y estira el brazo. Lo desliza lentamente, alarga la mano. Un ademán indiferente y a la vez una comprobación de orden moral. El vacío del colchón indica que está sola. Se arraiga en ese hueco para sentir lo real.

—¿Qué es lo real aquí?
—Las grietas que no se tapan, las preguntas que se abren por encima o por debajo de las historias de amor que las personas inventan.

Afuera el viento azota. Los muros filtran el frío. Está sola en una habitación de hotel.

No puede taparse eso.

31

En algún lugar leyó que en la jerga coloquial de la lengua alemana se usa la palabra *einöde*, 'yermo', 'desierto' o 'soledad', para describir las habitaciones de hotel vacías que se encuentran disponibles para ser ocupadas. A la mujer le fascina esa imagen desolada, se siente arrebatada por esa imagen de espera.

Le cautivan, sobre todo, los paréntesis del mundo. Siempre le han atraído los espacios de frontera, esas zonas liminares, esas nadas entre dos vidas que ofrecen los no-lugares. Habitaciones de hotel, aeropuertos y estaciones de servicio son sus sitios preferidos. Hay algo como de larva, piensa ahora la mujer, o de puertas arrancadas, en los rostros que transitan los no-lugares. Todo se hace distancia y horizonte posible. El tiempo se ensimisma o se expande, pegajoso, como chicle o como miel. En constante movimiento o en absoluto quietismo, son zonas de intersección y de alianzas fugaces, de encuentros y de adioses o de absorta soledad. En esos limbos o umbrales, ella lo sabe bien, se producen en secreto afectos inesperados, relaciones clandestinas, resistencias vagabundas que no se encuentran previstas en las señales que ordenan los deseos y los tiempos, ni en los mensajes que pautan los movimientos, la espera, el espacio entre dos cuerpos. Porque, más allá de su condición alienante y de consumo y de trasiego perpetuos, en esos sitios es posible desatender por un tiempo las demandas diarias, oficiar sin represalias la dejación de funciones. Abrir huecos o distancias. Descansar en ellos.

«¿Quién está tocando a quién en este momento?», se pregunta la mujer en una cama de hotel mientras palpa las ausencias con las puntas de los dedos, mientras siente lo real clavándose en las costillas.

Es temprano en la mañana. Hace frío en la cocina, un frío de cielo rojo, de ventiscas invernales. El animal fabuloso prepara el desayuno. El café inunda todo con su aroma amargo y promisorio. El baño huele a jabón, de glicerina o de rosas, y las sábanas conservan el aliento de los cuerpos, la leve sudoración, el calor, el abandono, el terror inconfesable de un mal sueño que prosigue en la vigilia. Esta podría ser la definición de un hogar. ¿Por qué entonces da vueltas a la palabra *Angulema*?

El deseo de morir en Angulema es, por supuesto, una metáfora. Una figura de fijación de belleza, la voluntad de guardar esos instantes perfectos que si no se perderían en los días que transcurren tras la niebla cotidiana. Muerte aquí significa imagen, fotografía: un corte en el espacio, una fisura en el tiempo que lo detiene por siempre, una captura de luz dentro de un marco. Angulema es transformar las superficies sensibles, la dureza de los cuerpos, los pliegues de los afectos en fantasmas imborrables. Angulema es también renunciar a ordenar las experiencias de vida en un relato coherente. Si, como afirma Simone Weil, no ejercer todo el poder de que se dispone es aceptar el vacío y si el único poder que los humanos poseen es el de pronunciar el pronombre *yo*, Angulema significa aceptar ese vacío, negligir la identidad.

¿Cuántas vidas?, ¿cuántas muertes en cuántos cuerpos?

Significa (sobre todo) un espacio escritural de memoria fragmentada, una zona despojada cuyo único sentido es resguardar la belleza: esos momentos modestos y con frecuencia furtivos. Esos trances sagrados.

Se desploman los relatos.

Entonces, he aquí una colección de cuerpos arrojados a la nada.

Haz una lista, anda. Siete, quince, noventa y nueve Angulemas. Para hacernos una idea. Ella tantea el peso de la invitación. Enseguida la declina mientras piensa: «Lois Pereiro».

El poeta gallego, para quien el desamor era una amputación o un sueño atrofiado, condensó esos instantes en este poema (lo tituló «Breve encuentro», en homenaje al film de David Lean):

> Sobrevolabas un día mi espacio aéreo
> rozándome con las plumas levemente
> y desaparecías con un rumor menguante
> como la visión de un sueño
> fracasado.

La mujer que está en una cocina fría nunca ha querido estar por encima de la humildad de la carne. No le asusta la intemperie: habita la desnudez de una hoja temblorosa que cae al suelo. Este podría ser su Angulema concentrado.

Le sentaba bien el matrimonio.

Dejó de fumar. Después volvió. Le gustaba arrojar la ceniza al fregadero. Le parecía un ademán inútil y portentoso. Pero se requiere algo más que una reiteración de pactos con el espacio y el tiempo para hacerse con una cocina propia. Es necesario creer en ellos como se cree en el café. El café es siempre un buen inicio. Pero no basta con entrar desnuda a las cinco de la mañana, poner la cafetera al fuego y echar la ceniza sobre los platos sucios. Hay que creer en una desnudez de brazos mordidos. Hay que creer en las cinco de la mañana y en sus dientes de rubí. Creer en el fuego, en las huellas del fuego. Encontrar en los rituales el rojo adecuado. Un rojo que se arrastra desde la cama. Un rojo de animales entrampados (nada se interpone entre los cuerpos). Un rojo de piel desnuda en pleno invierno.

Le sentaba bien el matrimonio.

Apenas pasaba frío en aquella cocina.

Nunca en ningún sitio ha pensado: «Estoy en casa». Nunca, en ninguna de sus múltiples versiones, se ha sentido propietaria del cuerpo con el que carga. Desde que tiene memoria, se ha visto como una extraña, espectadora de un rostro que le resulta ajeno y de acciones azarosas dentro de una filmación sin tema ni argumento. Solo una colección de imágenes sin hilar. Ni siquiera los afectos le han servido para anclarse a un sitio definitivo, ningún techo, ningún cuerpo es del todo para ella. Se ha esforzado en pertenecer, ser de algo, ser de alguien, habitarse sin conflicto; sin embargo, cuantas veces lo ha intentado ha acabado por huir. Ha dejado algún cadáver; también ella ha muerto un poco. No entiende qué cosa es el sentimiento de arraigo, entra y sale, deja huellas que la niebla o el viento borran en la mañana. Solo a través de la memoria olfativa o del sistema del tacto recuerda y es recordada. Todo lo que ha perdido y vuela por ahí son raíces arrancadas de una planta rodadora.

40

Las plantas rodadoras existen. Cuando sus hojas y sus ramas maduran y se resecan, se desprenden de los tallos y de las raíces, y se desplazan y ruedan con los vientos del desierto. La muerte de los tejidos es condición necesaria para su errancia. Cuando el viento amaina y por fin todo se aquieta, sus esporas o semillas se desprenden de las matas y se asientan en la tierra; con la humedad correcta, nuevas plantas crecerán. Su estrategia es la huida del hogar, la dispersión de sus miembros, el contacto y la alianza con los embates del yermo: aire, calor, agua escasa; un rodar sin conocer dónde estará su destino, sin tan siquiera saber si acaso tendrán futuro ni cuándo se detendrá ese vaivén del cuerpo, un cuerpo que se define por el modo en que se extiende y se orienta en el espacio, un cuerpo que persevera por las fuerzas emotivas y el grado de intensidad que agitan los desiertos. Su condición de existencia es la diáspora y el horizonte abierto.

41

Deleuze condensa la figura del nómada en la imagen del pastor: deambulan reunidos humanos y animales y hacen marcas en la tierra en busca de abrevaderos y hierbas comestibles, solo hallan en los techos protección contra la noche, contra el frío y la humedad; en los árboles, las sombras y la fruta

madurada contra el calor humillante y la deshidra-
tación. La migración es su espejo en el mundo se-
dentario. La diferencia esencial es que el migrante
se mueve para hacer de un refugio un lugar donde quedarse y siempre vive arrancado, aunque adop-
te las costumbres del lugar donde se asienta, aunque
acarree consigo sus relatos y sus ritos, sus objetos,
sus saberes, su propia versión del fuego.

(Eso es lo que ella da: un fuego que prendió hace
tiempo en otro sitio tan lejos que no sabe ni cuál es
y que le quema por dentro.)

42

Si ubicarse significa lograr una posición, pertenecer
a un lugar, y ubicar es convertir algo en propiedad o
en objeto conquistado, sentirse desubicada es vivir
desposeída, no encontrar un sitio propio, no saber
dónde meterse.
   Sabe que no está loca cuando dice que ha nacido
con el gen del desarraigo.

Pero también. Si los cuerpos son lugares y el amor es un desierto que no para de crecer, ¿no podríamos pensar que las vidas configuran un entramado de mapas en su encuentro con los otros, que los cuerpos trazan rutas afectivas y encarnadas, que decir identidad es decir cartografías de errancias relacionales?

Transitar paisajes bellos, amar todos los lugares por los que un día pasamos. Descubrir en cada cuerpo un pedazo de mundo.

¿No es el desplazamiento la estructura esencial del género narrativo?

¿No es el amor un cuento?

44

Más sobre la belleza. Hacemos cualquier cosa por estar cerca de ella, rogamos y suplicamos, agachamos la cabeza, ofrecemos nuestros cuellos, le mostramos nuestra nuca.

«¿Seguirás a sus pies cayendo insobornable tenaz ante ese cuerpo esos cabellos esa risa que te abre en el medio de la noche esos ojos con el peso de dos monedas de plomo ese vientre liso y blando ese agujero esa espalda, negra espalda, esa línea en su mentón que marca el lugar exacto donde la tomas la llevas donde la agarras la arrastras donde le das tu calor tu aliento en tu saliva un beso que viene de siglos y le arrojas tu veneno y ella ruega quiero arena en la boca rómpete con mi belleza muéstrame tu amor desnudo dame mi alimento tu carne quiero tu rendición quiero que caigas que caigas quiero caer en tu cuerpo fabuloso del tamaño de los mares, por dentro por dentro ahí dentro en el hueco de tu plexo que me partas con tu fémur que me trocees me abras con tus garras de animal? Porque todos nos rompemos igualmente nos rompemos todo el tiempo todo el rato qué terror hacerse vieja».

45

Para los teólogos cristianos, la carne era materia enemiga que amenazaba la belleza y la perfección de los cuerpos como creación divina (ahora, sustituye Dios por vigilancia social u orden establecido). Al barro hediondo o manantial de inmundicias se oponía el alma pura, que procuraba alzarse y alcanzar el cielo. Sangre, huesos, costal asqueroso, pozo de suciedad, fuente contaminante que debía contenerse para no entorpecer u oscurecer las ansias del corazón. La compostura del cuerpo era, entonces, señal de obediencia a Dios, manifestación de pureza, de falta de mancha. Puesto que lo sucio procedía del interior de la carne, limpiar significaba primero expulsar y después eliminar los residuos adheridos a la piel y a la ropa. La higiene y la moral son desde nuestros orígenes realidades ligadas: alma blanca en la piel blanca, alma blanca bajo telas blancas, lavadas en agua clara.

46

«Y no hay blancura (perdida) tan blanca como el recuerdo

de la blancura»,

dejó escrito William Carlos Williams;

de ahí que los amores desesperados existan. Amores que abren pozos con sus cuerpos y que caen por ellos. Hacia lo hondo y lo oscuro, en un descenso sin fin, hasta eso que se quiere y que no sacia, hasta eso que no llena, aunque se alcance y se muerda, aunque se trague. Amores sin esperanza y por eso indestructibles. Una caída en la carne, un desplome de la carne que impone la gravedad, un descenso hasta el horror de la belleza perfecta, a la indigencia esencial de los cuerpos mendicantes, como son todos los cuerpos enamorados. Igual que se hunden las rocas de las montañas, igual que las olas quiebran la lisura de los mares, igual que el viento parte las ramas, igual que la sal arde en los ojos y se derrama, igual que el sol cae en la noche, igual que tu hambre de animal fabuloso cede y dibuja cárcavas. Así es la belleza del amor desesperado; así, el horror de lo perfecto.

47

Le sentaba bien el matrimonio.

Todo lo que ella le ofrecía al amor se aglutinaba en torno a la dulzura. Un lecho de piedras lisas en un río de aguas calmas tras remontar con esfuerzos saltos de agua, cascadas; entonces, desovar nada.

Todo lo que ella le negaba al amor adoptaba las maneras de un nado desesperado de regreso, otra vez, al océano abierto.

Pero por más que nadaba no llegaba hasta su boca la textura salobre; atrapada en el almíbar, sus brazadas y aleteos se podían confundir con una danza nupcial.

A veces, cocinaba salmón con vino blanco y manzanas. Ponía curry, comino, canela.

Era algo parecido a devorarse a sí misma.

48

Hasta el siglo VI, los pecados capitales fueron ocho; con el papa romano Gregorio Magno, la tristeza pasó a considerarse una modalidad de la pereza. Los problemas se redujeron a siete. Diluida en la abulia, la melancolía fue negada como fuerza transgresora. La nueva taxonomía le arrebató a la tristeza su cualidad disidente, su condición esencial de pasión que moviliza la inquietud de estar vivo.

49

Acerca de *Melancolía*, de Lars von Trier. Kirsten Dunst recién casada en su banquete de boda. Su vestido de novia, un lastre de pesadumbre bajo el blanco inmaculado. Melancolía. Afección que desactiva las convenciones sociales: fidelidad conyugal, obediencia a la familia, servilismo laboral, el proyecto de un hogar, el respeto a la etiqueta. Cualquier pacto traicionado se denomina adulterio. Kirsten Dunst revienta todo. Toma a un hombre cualquiera, lo conduce a la intemperie y lo tiende en la hierba. Follan sin corazón bajo un cielo oscuro y amenazante. Hace de su cuerpo un grito.

50

Estirpe de aulladoras. Anudan carne y trascendencia o su reverso glacial:

> ¡Cómo lo tuerce i lava
> la monjita el su cabello!
> ¡Cómo lo tuerce i lava;
> luego lo tiende al hielo!
>
> (Villancico castellano)

Si el arroyo o la fuente son lugares clandestinos del encuentro entre amantes y si la amada espera mientras se lava el cabello como señal que preludia la entrega sexual; si el amado no aparece y en su lugar solo el hielo se extiende sobre la hierba y el cabello retorcido es una imagen terrible de la pasión no cumplida, de un cuerpo aterido de frío azul y de invierno, ¿no es normal que la protagonista de este cuento trence ahora su melena, que anude la soga al cuello y al corazón de su amante mientras follan y sus rostros juguetean con el sol y con las sombras, y la luz intermitente inunda la habitación de dorados y de rojos y de blancos rotos?

51

Un breve apunte de fenomenología. Según Nietzsche, Mujer significa Vida y ejerce su poder desde y a través de la distancia. Algo parecido afirmaba Joseph Campbell: «El matrimonio místico con la diosa reina del mundo representa el dominio total del héroe sobre la vida, pues la mujer es la vida, y el héroe, el que sabe y domina».

Mujer para ellos quiere decir enigma: un animal silencioso, una esfinge incomprensible.

Para Heidegger, ser-en-el-mundo es una apertura al horizonte social y relacional, un habitar el espacio que construye Historia. Pero su ser-en-el-mundo es masculino. La piedra, emblema de la materia pasiva, es una cosa sin mundo.

Hegel, por su parte, afirmó que el hombre se encarga de hacer la guerra, de establecer los pactos y de inventar los relatos. Relega a las mujeres a un mero estar ahí, en el lugar de la piedra.

Pero la piedra no es un mineral inerte, no está quieta ni obedece. La piedra es materia viva, un magnífico silencio que atesora la memoria de todo lo que no habla.

¿Y si se acepta la piedra como espacio discursivo?, ¿y si los cuerpos silentes son capaces de quebrar las narraciones heroicas y las historias triunfales que enaltecen a los hombres?

52

Kafka sostenía que las sirenas no cantaron cuando Ulises pasó ante ellas; sin sus cantos, no había para el hombre exposición al embrujo ni salida victoriosa. Ella piensa que las ninfas se negaron a ofrecerle su belleza extraordinaria. No sentían devoción y tampoco lo amaban. Pero la cera con que Ulises se taponó los oídos no le permitió escuchar el silencio abrumador que exhalaron a su paso las féminas fabulosas. Su enorme vanidad lo llevó a convencerse de que venció el hechizo o acaso sí fue consciente del simulacro y por dentro le arraigó un hongo negro y palpitante.

Porque belleza y amor no son campos de batalla, sino dádivas, las sirenas renunciaron a medirse con el héroe.

53

Más sobre el silencio. Abstención de hablar. Falta de ruido. La creación de un vacío.

La palabra escrita es también la organización de huecos, la búsqueda de una voz que sostenga las ausencias y les confiera un peso.

Pero no todo silencio es subversivo. Hace falta gritar no justo antes de callar. Hace falta tener voz y proferir el adverbio y ejercer al pronunciarlo un acto de resistencia.

54

Dafne amaba las selváticas soledades. No deseaba amores ni esposos ni hijos. Escapaba de los yugos de la vida en sociedad y andaba por las forestas con su cabello en desorden más allá de los caminos. Quería habitar los bosques en su eterna primavera. Rechazaba uno tras otro a sus pretendientes. Su padre la amonestaba: dame un yerno, dame nietos. Ella le rogó que la dejara vivir sin someterse a las leyes que imponen a las mujeres. Su padre le advirtió: cargas con la condena de la belleza salvaje, acarreas con la culpa de enardecer a los hombres y enloquecer a los dioses.

Un día Apolo empezó a perseguir a Dafne. La ninfa corría y en su huida los vestidos se rasgaban y mostraban los encantos de su carne; con el calor se exaltaban los rubores de su rostro. Su cabello brillaba, enmarañado. Apolo iba tras ella como un perro o un lobo hambriento. Cuando ya desfallecía, la perseguida invocó a su padre, quien, para evitar la culpa y la vergüenza de una hija asediada por un dios violador, decidió sacrificar el cuerpo de Dafne. Convirtió a la ninfa en árbol, le retorció los brazos, los transformó en ramas; sujetó sus tiernos pies, los transmutó en raíces. Sus cabellos fueron hojas; su piel caliente, aspereza. Su rostro, copa frondosa.

Con este castigo atroz, Dafne quedó sumida en un silencio casto y virtuoso. Convertida en laurel, Apolo pudo llorar la pérdida de la ninfa, mostrar nobles sentimientos y continuar persiguiendo a toda doncella virgen que se le antojara.

55

Cualquier fuga femenina significa emprender un viaje desprestigiado, antiheroico y sin retorno. La historia de Dafne advierte a las mujeres: no hay huida sin castigo, imposible escapar sin recibir correctivos. Y también: no os encomendéis a los dioses ni a los hombres, resbalad muy en silencio como las sierpes. Poned cuidado.

56

La condición de la huida es una vida atrapada en un entorno hostil; a ese ambiente adverso muchos lo llaman mundo y otros tantos, sociedad.

En algunas ocasiones, también se denomina hogar a los sitios que despiertan esa pulsión de fugarse.

57

La mujer se ha desvelado. Son las cuatro de la mañana. Se levanta y se arrastra hasta la cocina de casa. Prende la luz. Todo está en su lugar. Cada cosa tiene un sitio. La noche está en la noche; el silencio, en el silencio; los filos, en los cuchillos. No hay nada que temer.

Todo duerme o está quieto. El marido está en la cama; la ropa, en los armarios. Ha encendido la estufa, en realidad no hace frío, pero el dedo corazón de la mano derecha se le ha congelado. Síndrome de Raynaud, lo llaman. Se le pone blanco hielo, pierde las sensaciones y al mismo tiempo le duele. La verdad es que duele mucho. Se queda mirando el dedo y de un modo inevitable recuerda a su suegro muerto. Un cadáver muy pequeño de piel amarillo pálido. Nunca ha querido tanto a su marido como en aquel momento.

Todo duerme o está muerto. No hay nada que temer.

58

Unas palabras sobre *Paris, Texas*, de Wim Wenders. Un hombre y una mujer estaban perdidamente enamorados. Ella era muy joven y su belleza, indecente. Él era un poco mayor. Tuvieron un hijo, Hunter. Fueron felices hasta que dejaron de serlo. Entonces, el marido empezó a comportarse de un modo monstruoso. Y una mañana la esposa se despertó y entendió que ya no podía más: prendió fuego al hogar, se escapó del cautiverio, de los celos, del infierno. Dejó a Hunter en casa de sus cuñados; después, desapareció. Desde un lugar remoto, cada mes manda dinero. El hombre también huyó. Nada se sabe de él. Al cabo de unos años, aparece en el desierto; su hermano lo lleva a casa. Se reencuentra con su hijo; de una extraña manera, recuperan el vínculo. Entonces, se lleva a Hunter con él para buscar a la madre. Pronto la encuentran: trabaja en un *peep-show* de Texas. Sin que ella se lo pida, él le devuelve al hijo.

El relato termina.
   Ella y Hunter están abrazados.
   Él se marcha sin girarse.

El hombre restituye su honra humillada a través de su exesposa encerrada en el espejo de un *peep-show* de mala muerte, transformada en virgen-puta que nadie puede tocar, en madre-mujer fatal lavadora de pecados que ella misma ha provocado con su belleza atroz y casi insoportable.

El héroe maltratador devuelve el caos del mundo a su orden natural. Restituye a la madre como figura sagrada y después se va.

El hombre organiza el mundo. Impone su mirada y su relato.
   La mujer acata el mundo.
   La mujer lava las manchas.

Le sentaba bien el matrimonio. Eran dos voces que se engarzaban para contar historias. Era hermoso verlos juntos. Sonreían y amaban los relatos que inventaban. Nunca tuvieron cuerpo o sus cuerpos eran solo un envoltorio brillante como un diamante bruñido.

El material más duro.

El invencible.

No sabían que el diamante evoluciona al grafito de un modo natural.

Pero el grafito es un lápiz.

Nunca tuvieron cuerpo o sus cuerpos eran solo el gramaje del papel donde escribían palabras.

Un negro mate sin brillo empezó a sustituir la vibración de sus cuerdas.

Le sentaba bien el matrimonio. En un amor literario se puede vivir sin cuerpo, pero hace falta una voz.

Empezó a boquear como un pez en un estanque dorado y sin oxígeno. De sus labios salían burbujas evanescentes. Marguerite Duras dejó escritas estas palabras: «Un ir en busca del aire: eso soy yo».

Le sentaba bien el matrimonio. Y un día se diluyó en una herida del viento.

Un ir en busca del aire. «Vanidad de vanidades.»

61

Para que haya narración algo tiene que moverse. Es suficiente algo leve. Por ejemplo, una fisura en la pared de un hogar, una grieta en una casa por donde penetra el viento. Un viento que alborota el cabello de una esposa. El reposo es el reverso del desplazamiento, su condición de existencia; por ejemplo, un viento que se detiene. Pero algo ya ha cambiado.

62

Para que haya relato algo tiene que romperse, algo tiene que entrar, algo tiene que salir.

Ya no se puede volver ni caminando hacia atrás, como dicen los antiguos que se desplazan los muertos.

La mujer da las gracias:

1. A los muros de la casa, por la brecha que se abrió, indiferente a todo.

2. Al viento, por atravesar el hueco (aquí sustituye viento por sustancia demoníaca o transportador de lujuria).

3. A Brigitte Bardot, por defender la belleza del
cabello enmarañado, por su melena suelta y osten-
tosa, por su estética postsexo y su erotismo altivo.
Por reivindicar, con su pelo largo y alborotado, la
cabeza de Medusa. Por su desprecio.

4. Al viento, por descansar. También ella dur-
mió mucho antes de irse.

63

Antes de continuar, unas palabras sobre el mito de
Medusa. «Sin embargo reconozco / que una cabe-
llera revuelta, / sin ser como un nido de serpientes,
/ resulta repulsiva / en una mujer», escribió William
Carlos Williams.

Víctima violada. Envidiada por las diosas. Casti-
gada por ser bella, por desatar la lujuria desmedida
de los dioses. Sus cabellos transformados en serpientes enroscadas. Gorgona decapitada. Quienes
osaban mirarla quedaban petrificados. Imposible
no afligirse con este relato. Y, sin embargo, ¿no hay
algo muy hermoso en su melena capaz de interrum-
pir las miradas lascivas e impertinentes? ¿No es acaso

fascinante su poder de encerrar el deseo masculino o los celos femeninos dentro de una piedra? Mujeres de cabello impúdicamente largo y revuelto: un ejército de sierpes clamando venganza eterna, practicando el terror sobre todos los que adoran la discreción femenina o aborrecen la belleza indigerible, esa que conmociona y que hace daño. Medusa o Brigitte Bardot.

64

Sobre una cama doble de un motel en cualquier sitio, nuestra protagonista duerme. No hay ruidos ni movimientos ni luces prendidas. Solo la superficie intensa e inabarcable de la mujer en su noche. Su cuerpo tendido sobre un colchón, sus cabellos derramados como una ofrenda de flores o corriendo en estampida con el ímpetu ardoroso de una manada de lobas. O acaso la persiguen los animales salvajes y huye hacia el secreto y su silencio glacial.

65

(Un no se extiende y resuena en el tiempo.)

De la huida se sale con las manos vacías y con heridas nuevas: no hay reconocimiento posible. Lo que se deja atrás también se mueve. No se puede regresar, aquel sitio ya no existe.

La huida es a la vez un acto de destrucción y un gesto fundacional.

Hay nada donde una vez hubo algo.

«O una soledad propia», añadirá la mujer.

66

(Donde nadie pueda verla.) Se ha sentado a la mesa de un bar de aeropuerto a escribir cartas de amor a hombres desconocidos. Ha perdido algún avión. Ha perdido un par de amores. Ha perdido muchos libros. Ha acariciado a un perro vagabundo que deambulaba feliz entre hierbas y matojos. Ha observado el encuentro de dos amantes furtivos en la zona de llegadas. Ha atravesado avenidas de cemento, inhóspitas y humillantes, junto a un hombre muy triste. Ha tenido ante sí un mar de color ceniza y a su espalda, un yermo de arena y piedra.

La mujer sabe muy bien qué significa desierto.

Los antropólogos afirman que el amor es resultado de la adaptación humana a los territorios secos; por eso, en los desiertos los cuerpos se transforman en espacios sensoriales abiertos al erotismo, a la ternura y al tacto; en la aridez extrema, los cuerpos descubren y manifiestan su pura fisicidad: carne, peso, olfato, oído se despliegan en el cielo y en las aves, en el silencio y sus ruinas; imposible discernir dónde comienza una roca o dónde termina el sol, dónde la sed o la ceguera; dónde empieza un cactus o finaliza su sombra, dónde el cabello agitado o el suelo que reverbera; dónde el graznido de un cuervo y dónde la piedra muda; dónde un tren abandonado, dónde un área de descanso, dónde la serpiente oculta.

El amor, como el desierto, no responde a lo profundo.

—¿Qué es el amor, entonces?
—Un caso de superficies: somos paisajes cambiantes, territorios de encuentros. El amor es la potencia de extenderse y de tocarse y diluirse en el cosmos. Una apertura al mundo, un desplegarse y mutar en contacto con las cosas y derrumbar las fronteras entre los otros y el yo.

Algo similar expresó Michel Tournier en *Viernes o los limbos del Pacífico*: «Y sin embargo me parece que un sentimiento como el amor se mide mucho mejor —si es que puede medirse— por la importancia de su superficie que por el grado de profundidad. Porque yo mido mi amor por una mujer por el hecho de que amo tanto sus manos como sus ojos, su andar, sus vestidos habituales, sus objetos familiares, lo que ella no ha hecho más que rozar, los paisajes en donde la he visto desenvolverse, el mar en que se ha bañado».

O la piel es el lugar donde se inscribe el alma.

68

El viento susurra suave en el corazón del bosque; en el hueso de un baldío, choca contra la tierra y, si hay rostros, los golpea. Los árboles en sus copas hacen sus danzas tibias; la arena en su despertar hace tormenta y quema o, en palabras de Anna Ajmátova,

> Abandonaré tu casa blanca, tu jardín apacible,
> y la vida será desierta y luminosa.
> A ti te alabaré en mis versos
> como ninguna mujer supo hacerlo jamás.

Tú recordarás a tu amada
en el paraíso creado por ti para tus ojos
y yo comerciaré mercaderías escasas,
venderé tu amor y tu ternura.

69

Compromiso. Obligación contraída. Promesa. Pero también, como afirma un personaje de *Chamanes eléctricos en la fiesta del sol*, de Mónica Ojeda: «Lo que se va es más hermoso todavía que lo que se queda. Aprendamos a amar lo que se va, dejémonos romper el corazón por lo hermoso».

Escaparse del amor para romper de belleza o mantenerse indeleble en lo oscuro de un recuerdo.

70

En la novela de Monique Lange *Las casetas de baño*, hay una mujer que ya no es joven que se retira a una playa de la Bretaña. Desde allí hace balance de su vida conyugal, de sus amores fugaces, de sus amistades. En un momento dado, escribe: «La vida es acostumbrarse a que la gente te deje». Y, sin embargo, no todo lo borra el tiempo, no todo se desvanece, ni siquiera cuando tiempo significa matrimonio o veinte años. «A veces la gente vuelve», dice luego, con cierta dulzura.

A veces alguien regresa y es muy fácil comprender si lo hace por amor. Porque el amor siempre empieza y vuelve a recomenzar por los ojos que se miran y que después se agachan. Por los latidos del pecho.

La mirada avergonzada. El cuerpo.

71

Hace muchos, muchos años, el dragón llegó a la orilla de la mujer dormida. La besó y la despertó como ocurre en los cuentos de hadas. Nada podía hacer que ese amor no existiera. Se rindieron al hechizo de lo imposible. Un amor intempestivo. No supieron cómo amarse.

Ella se despidió. Él dejó que se marchara.

Justo al decirse adiós un relámpago azulado fue a morir cerca de ellos; el estruendo de aquel rayo resonó en sus corazones.

Se rompieron de belleza en estricto silencio.

En *Nostalgia*, de Tarkovski, su protagonista, el poeta Andréi, afirma que son las emociones que no se dicen las que no se olvidan. La mujer ahora piensa que guardamos en secreto los afectos que no osamos revelarnos ni a nosotros. Las cosas que no decimos porque no nos atrevemos se mantienen indelebles entre huecos de memoria. Intactas en lo más hondo como una piedra asentada en el lecho de un río o una estatua de alabastro que no se deja mecer por las aguas del olvido. Tal vez quiso decir eso el poeta ruso.

En todo caso, el trabajo literario es una entrega amorosa o la fe en que la belleza puede vencer al mal. Nuestra protagonista avanza por la fascinación del lenguaje igual que penetra en la voz de su amante, igual que el amado la agarra de la boca. Llegan hasta un umbral donde cuerpos y palabras revelan su condición de espacios liminares. Ella atraviesa esos huecos, se asoma a un paisaje donde todo cuanto ha sido hasta ese momento desaparece. En esa desposesión que implica adentrarse en lo que no se conoce, el cuerpo y el lenguaje se convierten en pregunta, es decir, en intemperie.

74

Eso quiere la mujer: un estar a cielo abierto con su dragón portentoso.

Porque ¿de qué sirve una historia que no contiene dragones venenosos?, se pregunta Anne Carson. No hay prodigio sin dragones. Aquí hay un animal fabuloso, acuático y voraz. Regresaste a la mujer en forma de inundación. Tus garras despedazaron su envoltorio protector.

(Ella bajó los ojos y le latió el corazón.)

75

Volviste. A través de una quebrada dormida en el paisaje, volviste. Por el vértice infinito de un punto de fuga, volviste. La llevaste a las montañas. La masturbaste de noche bajo un cielo estrellado. Compartisteis sushi y vino blanco en un cruce de caminos y de grandes superficies. Llegaste, quiero decir, volviste.

Sobre *El beso al leproso*, de François Mauriac. Noemi d'Artiliailh se ve obligada a contraer matrimonio con Jean Pelueyre porque, como le explicó su madre, «no se rehúsan las granjas, las chacras, los rebaños de ovejas, la platería, la ropa blanca de diez generaciones». Jean era feo, contrahecho, raro. Pero Noemi —«pequeña alma doméstica, toda ternura y piedad»— nunca leía novelas, así que no tenía modelos sobre la entrega amorosa ni anhelos ni nada; tan solo obedecía al cura y a su familia. No sabía que un hombre sí necesita ser guapo, que un hombre es también un cuerpo, no sabía que el amor no crece en el matrimonio. Cuando estuvieron casados, ella intentaba aguantar todo el tiempo que podía la sonrisa en los labios «como para engañar a alguien que está por morir». Jean, consciente y satisfecho del horror que producía en su esposa, miraba su palidez y sus ojos apagados mientras pensaba: «¡Qué víctima fue jamás más amada por su verdugo!». Ella intentaba vencer el asco que le causaba que ese hombre la poseyera, pero no lo conseguía. Jean trataba de lavar la repugnancia velada que veía en Noemi y rezaban sin tocarse. Así pasaban los días. Por su trabajo, Jean Pelueyre se ausentó del hogar durante un tiempo. Mientras Jean se aficionaba a frecuentar prostitutas allí lejos, en París, Noemi

volvió a comer, recuperó la alegría. En su feliz soledad, se sentía distinta. La languidez de su cuerpo
devino voluptuosa. Pero, pobre, devota, semianalfa-
beta y sin amistades íntimas, no entendía la exigen-
cia que la carne le imponía. «Ninguna ficción ni
ninguna confidencia pudo iluminarla» acerca de ese
secreto que crecía en su cuerpo. «Entonces el destino le presentó un rostro». Noemi abrió un postigo
y ella y el forastero se miraron un instante. Después
bajaron los ojos. A solas en su insomnio, ella lo
comprendió todo.

77

Nuestra mujer cierra el libro. Le interesa ese momento en que un rostro se presenta e inaugura una
emoción que no puede no aceptarse (cuando inten-
tas deshacerlo es siempre demasiado tarde). La irrupción de lo absoluto en la vida cotidiana exige un acto
de fe. La exaltación femenina con frecuencia es sos-
pechosa porque apela a la esperanza. Las mujeres
son expertas en confundir lo sagrado con la pasión
amorosa. Sus historias explicitan que la vida espiri-
tual es un misterio encarnado, que son los cuerpos
los que empujan a desear con el alma, que no existe
distinción entre la experiencia divina y el ser amado.

(Entre Dios y Noemi, una cara morena y un cabello ondulado.)

78

El mundo ahí afuera está lleno de personas. Las personas necesitan reducir lo extraordinario a historias corrientes y comprensibles, llamar locas, pecadoras, reprimidas o ignorantes, gordas, anoréxicas o falsas a las mujeres dichosas. La dicha ajena duele. El mundo ahí afuera está lleno de personas. Personas que prohibieron el amor de Noemi, que le impusieron tristeza y la obligaron primero a ser esposa abnegada y después, viuda intachable.

79

La exaltación femenina levanta sospechas. Las mujeres saben o intuyen que el amor es el lugar donde se juzgan sus cuerpos como instancias morales y que si apelan a Dios es posible que al final no acaben condenadas.

(Ahora sustituye a Dios por cualquier abnegación que beneficie a un hombre.)

Pero el amor también crece en la desesperanza.

Regresemos a *Nostalgia*. Domenico es un hombre abatido porque perdió a su familia. Creía que el fin del mundo estaba cerca, muy cerca, y se encerró en su casa con su mujer y sus hijos durante siete años. La policía tuvo que liberarlos. Ahora vive entre las ruinas de su vida anterior. Deambula con un perro por unos baños termales de un hotel en la Toscana mientras invoca a Dios y a santa Caterina. La niebla lo envuelve todo con su gasa de grisura. Una vela encendida arde en el cerebro de Domenico. Quienes han perdido todo y siguen entre los vivos han cruzado un umbral. Son profetas o son santos. Locos entre la gente. Sigue vaticinando el fin de la humanidad. Necesita implorar gracia divina. Necesita entrar en el estanque con una vela prendida entre las manos, sacarla de su cabeza, procurar que no se apague, llevarla de punta a punta. Pero fuera hay personas. Las personas no le dejan entrar en las aguas. Tienen miedo o se burlan. Las personas no soportan los absolutos. Ni la dicha ni la fe. Tampoco las acciones desesperadas ni la pena radical.

Entonces, Andréi y Eugenia se instalan en el hotel por donde vaga Domenico. El poeta y su intérprete italiana van tras la pista de un compositor ruso que al poco de exiliarse se suicidó. También el poeta ha abandonado Rusia. Su pena es inabarcable. Solo los perros echados en el medio de la calle o la imagen de la madre le dan algo de consuelo. Enfermo del corazón, no le queda mucho tiempo. Su nostalgia es infinita; por eso es incapaz de corresponder a Eugenia: la tristeza se ha tragado el amor y el deseo, la potencia de su cuerpo como fuente de vida.

82

Eugenia es una mujer que quiere amar a Andréi en un mundo devastado y que se cae a pedazos. Su deseo vehemente manifiesta que la fe nace y muere en la carne, que la esperanza reside en poder amar a un hombre.

Porque amar a un solo hombre es una forma sagrada que no necesita a Dios, sino solo un cuerpo vivo dispuesto a sacrificarse.

Domenico, el profeta, habla. Es preciso escuchar las voces de lo inútil: el zumbido de un insecto o los sueños imposibles. Hay que extender las almas en una calle sin fin. Alimentar el deseo. Mirarse a la cara.

Después de su discurso, Domenico se echa gasolina por encima y enciende un mechero.

Arde la ropa, arde la fe, arde el tiempo.*

Mientras Domenico se quema, Andréi entra en la charca de aguas termales y prende una vela. Avanza despacio. Los minutos se convierten en un tiempo clausurado o en un boquete hacia la nada. La llama exigua se apaga. Regresa al punto inicial. Repite el gesto. El fuego vuelve a apagarse, así que empieza

---

* Jung afirmaba que el agua milagrosa, la que lava la conciencia, solo puede obtenerse por el tormento del fuego o, en palabras del poeta Tonino Guerra:

Agua, fuego y después la ceniza
y los huesos dentro de la ceniza.

de nuevo. Avanza despacio. Esta vez, sí, alcanza el otro lado. Deposita la vela, que continúa encendida, sobre una repisa. El corazón le revienta y a continuación muere.

Ha cumplido el anhelo del profeta. Una forma de mirar cara a cara a otro hombre. Una forma de amar cuando ya no se ama nada. Ha sido un acto sin fe, un ademán sin sentido y definitivo. Pero es justo en ese espacio de total desesperanza donde actúa la gracia: una entrega, una ofrenda a cambio de nada.

(En ese mismo lugar, en el hueso de la gracia, su dragón hizo irrupción una tarde de verano.)

Arde la ropa y la fe, arde el tiempo.
Arde Eugenia, arde Andréi, arde Domenico.

(Arde ella, arde él, arden sus cuerpos.)

85

Puede que el deseo sea una cosa inútil, un peso insoportable o un embrollo fatal, pero sin él la tristeza nos comería vivos.

Le sentaba bien el matrimonio.

El tiempo transcurría lento en el paraíso. Siempre había flores a orillas del Leteo. A veces las recogía y las ponía en un jarro. Las aguas, cristalinas, trasparentaban el fondo. Fluían con la demora de quien se sabe eterno.

Los afanes de la Tierra no atravesaban la niebla en aquel lugar ameno. Un manto de claridad cubría los bosques. Ni la luna ni el sol penetraban en su aire. Aquellas gasas de luz no eran de este mundo.

Quienes beben del olvido borran llantos y empeños, toda huella de extravío.

Habitan la inocencia de la eterna primavera.

Para beber del Leteo es preciso arrepentirse, sentir pesar por lo hecho o lo que nunca se hizo.

Por eso Beatriz, en ese mismo Edén algunos siglos atrás, amonestó a Dante: le exigió su confesión para que pudiera beber del olvido y así llegar al cielo y poder estar con ella. Dante, turbado ante las demandas y también ante sus faltas, confuso por el recuerdo de otros rostros y amores, se desmayó y cayó. En sus labios las palabras se quedaron encerradas.

Si la boca pronuncia lo que el pecho siente, la emoción se convierte en un río de olvido.

Toda sed queda saciada si se bebe del Leteo.
    Así es el paraíso.

Le sentaba bien el matrimonio.
    Se desmayó y su silencio se irradió como un fulgor. Una combustión, un rayo de sed.

Adulterio es, sin duda, una palabra molesta.

Entonces, digámoslo de otro modo: una gasa fue rasgada. Los afanes florecieron.

88

Renegar de una creencia que antes se profesó o no ser consecuente con un compromiso es también arrepentirse.
    Retractarse, desdecirse, abjurar, rajarse. Ahí no hay nadie que ofrezca un río de aguas claras. Lo

cierto es que ahí no hay nadie, y tampoco hay un río.

Duele estar en ese sitio.

Apostatar del amor es recibir violencia. Nadie piensa en cómo duelen los huesos y el corazón cuando se llenan de frío.

Desamar es un glaciar.

Pero, entonces, *amor fati* o rendirse, obediente, al desorden del mundo.

Hay que aceptar los estigmas, tiritar en soledad.

Exhibir con dignidad la rosa azul que te clavan en la ropa o en el pelo como antiguas meretrices de la vieja Europa, obligadas a llevar una flor amarilla para ser reconocidas fácilmente por la calle.

89

¿No están hartas las mujeres de relatar sus minucias, sus cositas de mujeres, de cómo, por ejemplo, lavan la ropa mientras fuera hay una guerra o una dictadura con sus desaparecidos muy bien desaparecidos o de cómo pelan patatas mientras piensan en matar a algún hombre repugnante o follan sin corazón para olvidarse del mundo?

«Yo estuve lavando ropa / mientras mucha gente / desapareció / no porque sí / se escondió / sufrió / hubo golpes / y ahora no están / no porque sí», escribió Irene Gruss; también acunó a su hijo con las persianas bajadas mientras oía sirenas, disparos y ruidos secos. No hace falta nada más para sentir el terror de la poeta argentina, no hacen falta más palabras para saber que el amor crece dentro del infierno como un acto de resistencia política. Sin embargo, esta anécdota pequeña no tiene el estatuto de la hazaña reseñable, porque ¿qué relevancia tienen una nana susurrada o un trapo que huele a limpio cuando afuera está la Historia?

Dorothy Parker lo contó de este modo. Lo tituló «Penelope»:

Siguiendo el camino del sol,
tras los pasos de la brisa,
donde se funden el mundo y el cielo,
él cabalgará sobre mares de plata,
cortando el resplandor de las olas.

Yo me quedaré en casa, en mi mecedora;
me levantaré para abrirle la puerta a algún vecino,
me prepararé un té, enhebraré la aguja,
almidonaré las sábanas de mi cama.
A él lo llamarán valiente.

En *Una mujer*, Annie Ernaux cuenta que mientras cuidaba de su madre, enferma de alzhéimer, empezó una relación con un hombre que le daba asco. Es muy fácil comprender la pulsión de la francesa, el dolor de asistir al deterioro y la muerte de la memoria y el rostro de un ser amado; incapaz de soportar el impacto del mundo, junta sexo y aversión: es sencillo intuir que es un acto autolesivo, un modo de encarnarse en la madre sin memoria y de matar el deseo, una respuesta escabrosa a la conciencia del tiempo, a la culpa de estar viva mientras su madre se muere. Un castigo autoimpuesto que se alza como un gesto de amor sacrificial inútil e inapelable.

92

En la película de Chantal Akerman *Jeanne Dielman, 23 quai du Commerce, 1080 Bruxelles*, a la protagonista, un día, se le queman las patatas. La rutina de sus días, estrictamente medida, se fisura de repente. Un error sin importancia hace emerger las sombras de su universo afectivo: todos los ademanes que repetía a diario de manera compulsiva se manifiestan vacíos, fuente y resultado de un malestar que tiene nombre y apellidos. Viuda fiel, pulcrísima prostituta, perfecta ama de casa, madre servicial y abnegada. Los símbolos esenciales que históricamente han sometido a las mujeres se condensan en su carne. Sin amor ni gratitud, ni siquiera de su hijo, la soledad radical y la aversión de estar viva se hacen insostenibles. Imposible imaginar tantísimo desamparo.

Unas tijeras clavadas en el pecho de un cliente; así acaba la historia: ropa manchada de sangre y emancipada por fin de todas sus opresiones.

93

Si el héroe siente la llamada a la aventura y entonces cruza un umbral y accede a lo ignoto para matar al dragón o ser el líder más fiero en las guerras más cruentas, y en su aventura aprende a deshacerse del ego y recibe enseñanzas de maestros y de guías, y obtiene ayuda de diosas, madres cósmicas o viejos para poder soportar lo absoluto insoportable y se amanceba con ninfas y aquí no pasa nada porque el sexo solo ensucia a las mujeres; y si su espíritu se eleva y casi parece un dios y se vuelve arrogante o nunca dejó de serlo y después regresa a casa y mata a los pretendientes que rondaban a su esposa y asesina a las sirvientas que se han dado a la lujuria; si sella pactos de paz tras el reguero de sangre y asegura la abundancia y su trono de poder y todo son alabanzas, Jeanne Dielman es su reverso.

Las patatas que quemó son su umbral hacia el abismo. El vientre de la ballena no es un lugar remoto, sino el centro de su hogar y su rutina ominosa. Las fuerzas de su destino no se encuentran de su parte. Por toda arma, su cuerpo, abyecto como su rabia y su vida sin sentido. En un acto inesperado, ejecuta su venganza y la paz le es devuelta.

Nadie dirá de ella que fue valiente.

94

Nuestra protagonista no soporta a los héroes. Su pulcritud luminosa, su rectitud sin fisura, su humildad impostada, su fama, su dignidad y también sus dones. Sobre todo, sus dones. Siempre ha preferido las dádivas femeninas, las cosas que hacen y que a veces cuentan; por ejemplo, follar sin sentir amor para abismarse en sí mismas y que el mundo se disuelva, tramar cómo deshacerse de los hombres insufribles, hacer solas la colada, cantar nanas a sus hijos y también cocer patatas. Acciones que pueden ser simbólicas o literales y que crecen hacia arriba, en trayecto vertical, para oponer un espejo a los relatos heroicos.

95

Le sentaba bien el matrimonio.

En realidad, no habría sido difícil seguir en aquel lugar, desayunar café y chocolatinas cubiertas de azúcar, juguetear con el significado de sus colores, asociarlos a personas, a emociones o a sueños, escarbar en el lenguaje que organiza el mundo y buscar en las palabras un residuo de verdad tras las capas de belleza o las capas de terror, hacer listas de la compra, ducharse de vez en cuando, lavar los platos, ir a nadar a la playa, continuar la tradición de todas las malcasadas, quedarse mirando el mar con nostalgia del futuro:

> Miraba la mar
> la mal casada,
> que miraba la mar
> como es ancha y larga.
>
> (Fragmento de un villancico castellano)

Habría sido hermoso quedarse en el himeneo. Porque, igual que el mar no deja de ser muy bello a pesar de los naufragios y de los ahogados, la belleza del marido existe de un modo extraño en algún lado; tal vez está con la lluvia que cae en mar adentro, ahí donde nadie ve que también está lloviendo y sin embargo es verdad.

Pero las cosas se mueven y a veces es imposible dejarlo todo como estaba.

Un tic. Una manía nerviosa.

Se habla mucho del amor como un asunto moral y no como una pregunta que opera en la carne. Se usa mucho el amor como subterfugio para castigar la sexualidad de las mujeres o para desacreditar las formas en que el hambre o la sed moldean sus cuerpos.

Otra manía nerviosa.

Los hombres confunden la bondad con la inocencia.

Todos quieren ser terribles, infundir miedo.

—¿Qué significa amor?

—Fabular una ficción que se abra al grado cero
de una promesa o, en boca de Simone Weil: «Desear que algo exista, salvarnos por su belleza».

Para abrir ese vacío, algo tiene que morir por nues-
tras manos. Una ofrenda que profane los ritos que
mantuvimos e introduzca un orden nuevo.

Entonces, supongamos que él existe, supongamos
que ella existe. Que son bellos, es decir, frágiles e in-
significantes. Que su amor tiene la urgencia del vino
cuando hay sed, del pan cuando punza el hambre.
Que han expuesto sus cuerpos a los dientes de sus almas y que se han sacrificado a sí mismos.

Entregados uno a otro, temblando en su inde-
fensión.

Ella camina hacia las sombras.

Las sombras son esperanza. Son residuos de la noche, donde los cuerpos descansan del escrutinio del sol, de su reino de blancura. Porque, piénsalo bien: la noche no es más que la sombra de la Tierra que, abrumada por el sol, se da la vuelta. Rotamos con el planeta sin darnos cuenta. Piénsalo bien: todo escapa de la luz en algún momento. Porque el sol es un ojo que sentencia, todo quiere emanciparse del peso de ese ojo, de su afán justiciero. En el sueño o el insomnio, somos sombras de la noche, somos la noche misma. Arrastramos sus residuos hasta el corazón del día. Así excretamos las sombras: un cuerpo opaco intercepta la luz directa del sol, la interrumpe con su noche y arroja su mancha negra, única huella visible, con amor contra otro cuerpo. Un impacto sin dolor. Zonas de protección entre seres vulnerables. El aire aquí no es distancia, sino un espacio ocupado por una caricia densa e invisible.

Ella camina hacia las sombras.

El amor es una sombra.

El amor es esperanza.

101

Anne Carson afirma que las heridas despiden su propia luz; de acuerdo. No en vano, las místicas medievales hablaban del flujo ígneo que salía de sus llagas y reptaba hacia el amor. Juntaban agua y fuego para expresar el deseo que desborda de pureza y se derrama en Dios. La hemorragia femenina era en estas religiosas líquido nutricio, luz palpitante, de acuerdo. Pero también las heridas llevan dentro una noche, así que las llagas no siempre arrojan su luz, en ocasiones proyectan su propia sombra. Lo que no debería estar emerge de la negrura. Se presenta en forma de sarpullidos o de manchas en la piel o en la ropa cuando a causa del frío la desnudez permanece por debajo de las telas y los abrigos.

102

Nuestra protagonista se ha sentido últimamente un poco humillada, reducida a un objeto de intercambio entre dos machos o a un trofeo exhibido, cautiva o servidora del imperio de los hombres. Una tarde, atrapada en un atasco, la mediana empieza a arder y las flores se convierten en llamas de fuego. No sabe muy bien por qué, pero esas flores la hunden: todo pesa demasiado. Entonces, igual que la serpiente escapó del paraíso para encontrar en su cuerpo su cuerpo desconocido, la mujer cogió un avión y aterrizó en el desierto. Interpuso un horizonte entre el dragón y su miedo, abrió una distancia eterna entre la culpa y su esposo. Se perdió en el silencio, se fundió con el vacío, eludió su nombre propio: fue el zumbido del aire, fue el polvo y fue la tierra. Halló algo de consuelo.

103

Fue con alguien como ella, un amigo que tenía la pulsión de la escapada. Él le regaló un desierto. Le puso ante los ojos el horizonte soñado. Fueron juntos a abismarse en el puro anonimato, a insolarse, a beber vino, a transitar cauces secos. Cruzaron sus soledades, fueron el uno para el otro compañeros-dádiva. «Cuidado —se dijo un día—, que desertar no te haga cautiva de lo que amas»; «cuidado —se repitió—, que huir no te convierta en sierva de una fuga sin destino en bucle eterno». Así que ella volvió, regresó con su dragón.

Le rompió el corazón a aquel hombre que había empezado a amarla.

Añadió culpa a su culpa, más traición a su traición. Tristeza sobre tristeza.

Quiso deshacer las cosas.
    Dejar de causar daño.

La mujer no sabe nada.
    Quiere deshacer las cosas.
    Dejar de causar daño.

Hizo. Deshizo. Causó daño.

104

Su dragón la esperaba. Ella volvió hacia él como lo hacen los fantasmas: de espaldas y sin pisar el suelo.

105

El deseo es un animal peligroso.
    El deseo es una sombra que opaca el fulgor del sol.
    La mujer es una sierpe.
    Una sierpe es un dragón.
    El dragón es una sombra.

106

La mujer piensa: «Dos monstruos».

Y también: «Es muy bonito viajar cuando no se quiere huir».

107

Después de atravesar los desiertos de California, han llegado a Arizona. Tratan de capturar la belleza desbordante de los parajes que pisan, contener lo inasumible en una imagen portátil. Pero enseguida comprenden que su intención es ingenua, que los ojos no alcanzan y que el móvil es inútil. Deciden desde ese punto abandonarse a lo bello, no temer la desnudez que imponen los baldíos, no intentar hacer más fotos. Entienden que son dos cuerpos dentro de algo eterno e inconmensurable. Y deciden limitarse a ser parte indistinguible de los yermos y la nieve, de las tormentas de arena, del pitido sostenido que algunos llaman silencio. Ahora saben que las piedras son minerales vivos o tal vez flores dormidas, que los cuervos son heraldos de su amor irrefutable, que los eriales son signos de antigua presencia humana. Pueblos-fantasma, vertederos desolados, trenes abandonados. Carreteras secundarias y estaciones de servicio en los márgenes del mundo civilizado. Poco a poco aquel vacío empieza a ocupar sus cuerpos. Intuyen que el desierto es colapso terminal o espacio inaugural. Sospechan, del mismo modo, que su amor es también eso. Toman constantemente cafés XXL mientras tratan de hallar un sentido al cielo abierto, como si fuera el signo de un lenguaje encriptado. Se hospedan en moteles de techos rojos, duermen en camas de sábanas floreadas. A los pies de ningún sitio o de un acantilado, se aman con timidez, con crudeza, con dolor, con ternura arrebatada. Ninguna foto es capaz de reflejar su candor ni de captar la vehemencia con que se aman.

108

Se han detenido en Superior, antiguo terreno apache. La luz del mediodía otorga al cielo azul tonalidades doradas. Es invierno, pero el sol les calienta la espalda. Han pedido carne, patatas, ensalada. Tienen hambre. Comen. La comida es deliciosa. Han pedido vino. Tienen sed. Beben. El vino es ligero y aterciopelado. Están contentos. A ella le parece un Angulema perfecto. Y, de repente, la mancha. Una salpicadura de salsa cae en la manga izquierda de su chaqueta nueva y desata el nudo de su conciencia intimada. La huida, la traición, la culpa sobre la culpa. Todo se ensombrece en un eclipse total. La abandona la luz. Siente un frío intenso.

Ella ahora es una herida o una noche inesperada y fuera de sitio.

En la derrota del sol, la mujer comprende su propia derrota.

109

El maletero del coche va lleno de ropa sucia y comida. Se han detenido a comprar la cena de fin de año: queso, rosbif, jalapeños, pan integral de molde; toneladas de cerveza, botellas de vino tinto y tequila reposado. Se dirigen a Alamogordo, al desierto de White Sands. Él está obsesionado con lavar la ropa; ella está obcecada con el color de las rocas y sus texturas cambiantes, con el llanto que no aflora y que le muerde en la boca del estómago famélico.

Casi atropellan a un ciervo.

Han estado muchas veces casi a punto de romperse.

(Salsa de barbacoa en la chaqueta nueva.)

110

Lavar ropa es a la vez un símbolo que alude a la pureza moral y una metáfora del encuentro sexual entre dos enamorados; ¿cómo se junta eso? A través del himeneo.

La lírica popular puesta en boca de mujer sabe mucho de estas cosas.

111

La expresión del erotismo ocurre siempre en paisajes bañados por aguas dulces. Las esperas y las citas y también las despedidas suceden junto a riberas y orillas, es decir, en espacios liminares que son umbrales de paso para las doncellas. La ambigüedad de lavar se contiene en los cauces de la entrega al marido o al futuro esposo. Solo en el matrimonio, o acaso en su promesa, si se mantiene en secreto la cita entre dos amados, es legal dar cumplimiento al deseo femenino. La joven lava la ropa con la sangre de sus venas, así entrega al esposo el corazón y la carne y sus horas de trabajo. También lavan las mujeres las camisas que han manchado con su sangre virginal como huella evidente del deleite amoroso. El agua está siempre fría, como fría es el alba en la hora del amor.

Pero la imagen más bella es la que junta en una misma colada las camisas de los dos, la propia y la del amigo, como símbolo de unión.

112

El agua está vinculada a los cuerpos de mujer que se dan, voluptuosos, a los hombres amados. El agua es una puerta por donde entra el amor cuando todos aún duermen y los vagos claroscuros de la alborada protegen a los amantes.

El agua es también morada de los dragones, esas bestias peligrosas que tanto temen los héroes y que por eso destruyen con espadas o con flechas.

¿Cómo no iban a encontrarse la mujer de esta historia y su animal fabuloso en un acto de lavado que simbolice la ofrenda de su amor irrevocable?

113

—¿Qué significa amor?
—Hacer juntos la colada.

114

Dejaron atrás Arizona y entraron en Nuevo México. El cielo se ensanchó. La línea del horizonte parecía un espejismo a punto de extinguirse. Las rocas palidecieron. El aire se aquietó y el silencio pasó a ser un temblor que recorría sus espinas dorsales. Se detuvieron en Chuck's Folly Gas Station. Repostaron y compraron café y chocolatinas. Se sentaron bajo un árbol, juntos y sin mirarse; rodeados de neumáticos y camiones aparcados, observaron el vacío que se abría ante ellos.

115

Mientras desayunaban, un cuervo los oteaba. Los estaba confundiendo con dos ópalos de fuego o dos flores que sangraban. Ella supo en ese instante que algo viejo se moría, que otra cosa comenzaba. Necesitaba sacarse la mancha de la chaqueta.

Era el último día del año.

El 1 de enero por la mañana visitaron White Sands. Por la tarde, pusieron una lavadora. Cuando terminó, metieron la ropa en la secadora. Pendientes de la colada, no hicieron mucho más. Iban y venían, leían, bebían vino y charlaban o miraban las montañas. Anocheció. Cenaron. Por fin sacaron la ropa.

La mancha de la chaqueta seguía en la manga izquierda.

El dragón dijo: «No te perdono, pero me quedo a tu lado: comparto el peso».

La mujer supo que no hallaría consuelo, que el amor la sostendría, que lavarían la ropa con la mezcla de sus sangres.

Agua, fuego y después la ceniza
    y los huesos dentro de la ceniza.

No superar los errores cometidos implica mantener viva la conciencia de lo hecho y también de sus efectos, observar avergonzada el sufrimiento infligido; no recibir perdón, pero tampoco castigo.

La culpa, como la escritura, es una lucha trágica contra el olvido.

La culpa es importante.

Así empezaron el año.

Limpieza no es lo mismo que pureza. La pureza es el amor que emerge de entre las ruinas de una catástrofe. Por eso la pureza es posible en los cuerpos sucios. Es posible el amor.

—¿Quieres redimir a la mujer con esta frase?
—Por supuesto.

Para terminar. Deberíamos tener menos miedo a ser insoportables, de verdad insoportables, a no saber qué queremos, a no desear nada o a desearlo todo. A sentirnos muy perdidos y hacer las cosas mal y que nadie nos perdone. A andar rompiendo cosas que no puedan repararse. A amar con devoción o a sentirnos vacíos. A follar con toda el alma o a morirnos de asco. A estar muy confundidos, a no querer claudicar y también a decir basta. En general, deberíamos tener menos miedo.

Le sentaba bien el matrimonio.

Su historia está condensada en una frase muy bella de Marguerite Duras: «Ven corriendo a meterme donde sea». Y eso hizo su marido.

Hay cosas que nunca más volverán a repetirse.

Desde entonces, vive aterida de frío. Le tiemblan los huesos.

Mira por la ventana de su cocina ajena. Ha empezado una tormenta.

122

El destino es un ejercicio retrospectivo.

123

Hace muchos, muchos siglos, llovió incesantemente durante cuarenta días. Las aguas crecieron y anegaron la Tierra. La vida fue arrasada. Cuando el diluvio cesó, Noé envió un cuervo. Anduvo yendo y viniendo. Cuando encontró sequedad, el cuervo no regresó. Se alimentó de la carne de los animales muertos. No dejó en aquel yermo ni rastro de sangre. Enterró después los huesos de los cadáveres. El cuervo dispuso todo: luz, comida, cementerios.

El mundo estaba listo para ser reinaugurado.

124

Ellos van. El espacio es grande. El horizonte arde cuando el sol cae.

(Nadie, ni siquiera ellos, sabe por cuánto tiempo.)

Bibliografía

Ajmátova, Anna, *Soy vuestra voz. Antología*, trad. Belén Ojeda, Madrid, Hiperión, 2007.

Alighieri, Dante, *La divina comedia*, trad. Luis Martínez de Merlo, Madrid, Cátedra,1988.

Alighieri, Dante y Guido Cavalcanti, *La vida nueva*; *Rimas*, trad. Julio Martínez Mesanza, Madrid, Siruela, 2004.

Anders, Günther, *El piloto de Hiroshima. Más allá de los límites de la conciencia. Correspondencia entre Claude Eatherly y Günther Anders*, trad. Vicente Gómez Ibáñez, Barcelona, Paidós, 2003.

Bachelard, Gaston, *El agua y los sueños. Ensayo sobre la imaginación de la materia*, trad. Ida Vitale, Ciudad de México, Fondo de Cultura Económica, 2011.

Bea, Emilia, ed., *Simone Weil. La conciencia del dolor y de la belleza*, Madrid, Trotta, 2010.

Bégout, Bruce, *Lugar común. El motel americano*, trad. Albert Galvany, Barcelona, Anagrama, 2008.

Borges, Jorge Luis, «Delia Elena San Marcos», en *El hacedor*, Madrid, Alianza, 1997.

Campbell, Joseph, *El héroe de las mil caras*, trad. Carlos Jiménez Arribas, Girona, Atalanta, 2020.

Carson, Anne, *Agua corriente*, trad. Andrés Catalán, Madrid, Cielo Eléctrico, 2021.

—*Decreación*, trad. Jeannette L. Clariond, Madrid, Vaso Roto, 2014.

—*Eros dulce y amargo*, trad. Inmaculada C. Pérez Parra, Barcelona, Lumen, 2020.

—*La belleza del marido. Un ensayo narrativo en 29 tangos*, trad. Andreu Jaume. Barcelona, Lumen, 2019.

—*Si no, el invierno. Fragmentos de Safo*, trad. Aurora Luque, Madrid, Vaso Roto, 2019.

—*Tipos de agua*, trad. Sara Cantú Pérez de Salazar, Madrid, Vaso Roto, 2018.

Clément, Catherine y Julia Kristeva, *Lo femenino y lo sagrado*, trad. Maribel García Sánchez, Madrid, Cátedra, 2000.

Deleuze, Gilles y Félix Guattari, *Mil mesetas. Capitalismo y esquizofrenia*, trad. José Vázquez Pérez, Valencia, PreTextos, 2020.

Duras, Marguerite, *Nada más*, trad. Vanesa García Cazorla, Cáceres, Periférica, 2022.

Ernaux, Annie, *Una mujer*, trad. Lydia Vázquez Jiménez, Madrid, Cabaret Voltaire, 2020.

Ernaux, Annie y Marc Marie, *El uso de la foto*, trad.

Lydia Vázquez Jiménez, Madrid, Cabaret Voltaire, 2018.

FRENK, Margit, ed., *Lírica española de tipo popular*, Madrid, Cátedra, 2004.

GALVÁN, Ani, *Educación de una cortesana*, Madrid, Torremozas, 2022.

GRUSS, Irene, *La dicha*, Buenos Aires, Bajo la Luna, 2004.

GUIBERT, Hervé, *Imagen fantasma*, trad. Magalí Sequera. Los Tres Editores, 2023.

GUERRA, Tonino, *La miel*, trad. Juan Vicente Piqueras, Pepitas de Calabaza, 2018.

HOMERO, *Odisea*, trad. Miguel Temprano García, Blackie Books, 2020.

JULIBERT, Elisenda, *Hombres fatales. Metamorfosis del deseo masculino en la literatura y el cine*, Barcelona, Acantilado, 2022.

JUNG, Carl Gustav, *Psicología y simbólica del arquetipo*, trad. Miguel Murmis, Barcelona, Paidós, 2011.

KAFKA, Franz, *El silencio de las sirenas*, Biblioteca Virtual Universal, disponible en <https://biblioteca.org.ar/libros/1584.pdf>.

LANGE, Monique, *Las casetas de baño*, trad. José Martín Arancibia, Barcelona, Seix Barral, 1983.

MATA, Valeria, *Todo lo que se mueve*, Madrid, Comisura, 2023.

MAURIAC, François, *El beso al leproso*, trad. Isabel Budge de Ducci, Barcelona, Pomaire, 1962.

OJEDA, Mónica, *Chamanes eléctricos en la fiesta del sol*, Barcelona, Random House, 2024.

OVIDIO, *Metamorfosis*, Biblioteca Virtual Miguel de Cervantes, disponible en <https://www.cervantesvirtual.com/obra-visor/metamorfosis--0/html/>

PEREIRO, Lois, *Obra completa*, trad. Daniel Salgado, Barcelona, Libros del Silencio, 2011.

PÉREZ-TAYLOR, Rafael, Miguel Olmos Aguilera y Hernán Salas Quintanal, eds., *Antropología del desierto. Paisaje, naturaleza y sociedad*, Ciudad de México, Universidad Nacional Autónoma de México, 2007.

RUIZ SOMAVILLA, María José, *El cuerpo limpio. Análisis de las prácticas higiénicas en la España del mundo moderno*, Málaga, Universidad de Málaga, 1993.

Sagrada Biblia, trad. Eloíno Nácar Fuster y Alberto Colunga, Madrid, Biblioteca de Autores Cristianos, 1984.

SAX, Boria, *Cuervo. Naturaleza, historia y simbolismo*, trad. Julio Hermoso, Madrid, Siruela, 2019.

SZYMBORSKA, Wysława, *Aquí*, trad. Gerardo Beltrán y Abel A. Murcia Soriano, Madrid, Bartleby, 2010.

TOURNIER, Michel, *Viernes o los limbos del Pacífico*, trad. Lourdes Ortiz, Madrid, Alfaguara, 1999.

VIVÈS, Bastien, *Último fin de semana de enero*, trad. Violeta Alarcón Muñoz, Madrid, Diábolo, 2022.

WEIL, Simone, *La gravedad y la gracia*, trad. Carlos Ortega, Madrid, Trotta, 2007.

WILLIAMS, William Carlos, *Poesía reunida*, trad. Edgardo Dobry, Juan Antonio Montiel y Michael Tregebov, Barcelona, Lumen, 2022.

Filmografía

AKERMAN, Chantal, *Jeanne Dielman, 23 quai du Commerce, 1080 Bruxelles*, 1975.

SORRENTINO, Paolo, *La gran belleza*, 2013.

TARKOVSKI, Andréi, *Nostalgia*, 1983.

TRIER, VON, Lars, *Melancolía*, 2011.

WENDERS, Wim, *Paris, Texas*, 1984.

Canciones

Nick Cave & The Bad Seeds, «Bright Horses», *Ghosteen*, 2019.

Nick Cave & The Bad Seeds, «Hollywood», *Ghosteen*, 2019.

Giant Sand, «Shiver», *Chore of Enchantment*, 1999.

Beth Gibbons, «Mysteries», *Out of Season*, 2002.

NMK*

* Una serie que acoge textos breves sobre asuntos variopintos con un juego como caprichoso hilo conductor: con cada título los autores aludirán a un número libre de argumentos (tres, veinte o cinco mil) alrededor del tema que elijan.

Esta primera edición de
Ciento veinticuatro huecos,
cuadragésimo título de H&O Editores,
consta de 1.500 ejemplares y se entregó
a imprenta en Sant Esteve Sesrovires
el 10 de mayo de 2024.

«A partir de cierto punto,
ya no hay retorno posible.
Este es el punto a alcanzar.»

Aforismos de Zürau
Franz Kafka